Platero y yo

Platero y yo

Ainara Calvo Llorente
Mª Ángeles Aznar Medina

GEU
EDITORIAL

Edita: Editorial GEU
ISBN: 978-84-16156-90-0
Depósito Legal: GR-2.000-2014
Imprime: Lozano Impresores S.L.
Distribuye: Editorial GEU
            Telf.: (958) 80 05 80 Fax: (958) 29 16 15
            http://www.editorialgeu.com
            E-mail: info@editorialgeu.com

ÍNDICE

INTRODUCCIÓN

El deseo de aprender y la necesidad de seguir rompiendo barreras para que personas con dificultad de acceso a la lectoescritura puedan acceder a ella de una forma fácil y sencilla, han creado esta nueva colección de cuentos accesibles.

La adaptación del texto en pictogramas SPC (Símbolos Pictográficos para la Comunicación) y la sencillez de las ilustraciones que lo representan, van a permitir acceder al contenido del cuento de una forma fácil y motivadora.

 Juan Ramón es el  señor que escribió la  historia de su burro Platero .

 Juan Ramón  vivía en un  pueblo  llamado  Moguer .

 Moguer está  cerca del  mar . Sus  casas son  blancas

y sus  calles 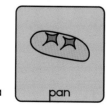 huelen a  pan caliente .

7

 Platero era 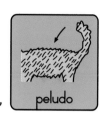 pequeño , 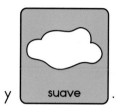 peludo y  suave .

Era  blando como el 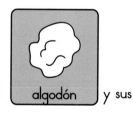 algodón y sus 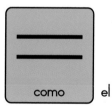 ojos  negros

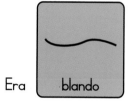 como  2 dos  escarabajos .

 HIO HIO

A  Platero le 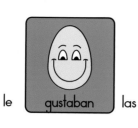 gustaban las 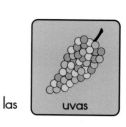 mandarinas , las  uvas 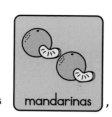 amarillas ,

las 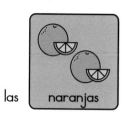 naranjas y los 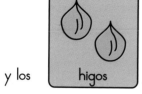 higos  morados .

 Platero era  fuerte 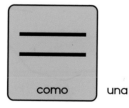 como una 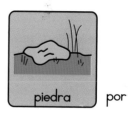 piedra por  dentro pero

 tierno  como un  niño .

 Platero  vivía en una  cuadra , con una  cabra  gris

y una  perrita  blanca .

Al  mediodía ,  cuando  Juan Ramón  entraba en la  cuadra ,

 Platero le  saludaba  rebuznando .

 Platero  quería  romper la  cuerda y  salir  corriendo .

 Juan Ramón  pensaba :

Si 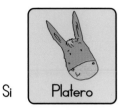 Platero  fuese al 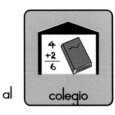 colegio  aprendería a  leer y a

 escribir pero... ¿En  qué 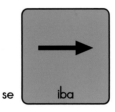 silla se 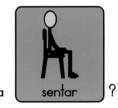 iba a  sentar ?

¿En  qué  mesa 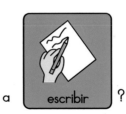 iba a  escribir ?

 Platero era un  burro y  no podía 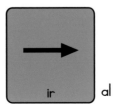 ir al 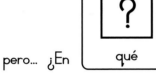 colegio .

15

Cuando  Juan Ramón 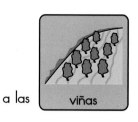 iba a las  viñas  montado en  Platero ,

con su  barba , su 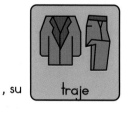 traje y su  sombrero  negro ,  algunos

 niños le  decían : — ¡ El  loco ! ¡ El  loco !

Al 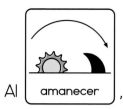 amanecer ,  Platero ,  Juan Ramón y unos  niños  fueron a

 comer  higos .  Todos  corrían para  llegar el

 primero a la  higuera y  empezaron a  tirarse higos .

 Todos se  divirtieron  mucho .

Un  día ,  Juan Ramón se  levantó de la 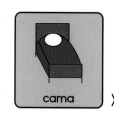 cama y  miró

por la  ventana .  Juan Ramón  vió en el  campo  maniposas

de 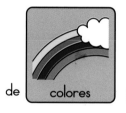 colores y  pájaros  cantando y  volando .

¡ Ya era  primavera !

21

 Platero y los  niños  fueron al  Arroyo de los chopos .

 Empezó a  llover y 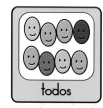 todos tuvieron que  volver  corriendo

pero  cargados de flores amarillas .

En 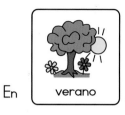 verano , por las  noches ,  Platero y  Juan Ramón 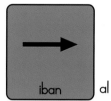 iban al

 campo a 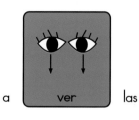 ver las  estrellas y la  luna y a  oír

el  canto de los  grillos .

En   la  de la 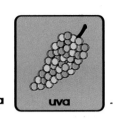 .

 y   los  en el  .

 se   y  a  y a  .

En septiembre celebraban la fiesta de la uva.

Platero y Juan Ramón veían los fuegos artificiales en el campo.

Platero se asustaba mucho y empezaba a rebuznar y a correr.

 Platero  tenía un 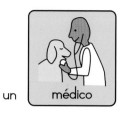 médico  llamado  Darbón .

 Darbón era  grande  como un  buey y rojo

 como una 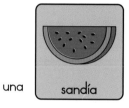 sandía .

 No tenía  dientes y sólo  comía  migas de pan .

Un  día , una  señora  llamada  Macaria  lavó a  Platero .

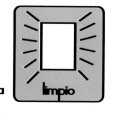 Platero estaba 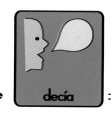 limpio y  Juan Ramón le  decía :

— ¡ Qué  guapo estás  Platero !

31

Un  día ,  Juan Ramón ,  Platero y los 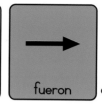 niños 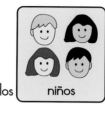 fueron al 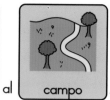 campo .

 Todos  empezaron una  carrera y  ganó  Platero .

 Juan Ramón  hizo una 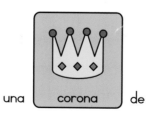 corona de  peregil a  Platero .

33

Una 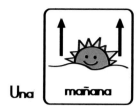 mañana  Juan Ramón  encontró a  Platero  tumbado  encima

de la  paja muy  triste .

 Juan Ramón  acarició a  Platero y 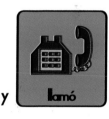 llamó a  Darbón .

 Platero estaba  enfermo . Al  mediodía  Platero  murió .

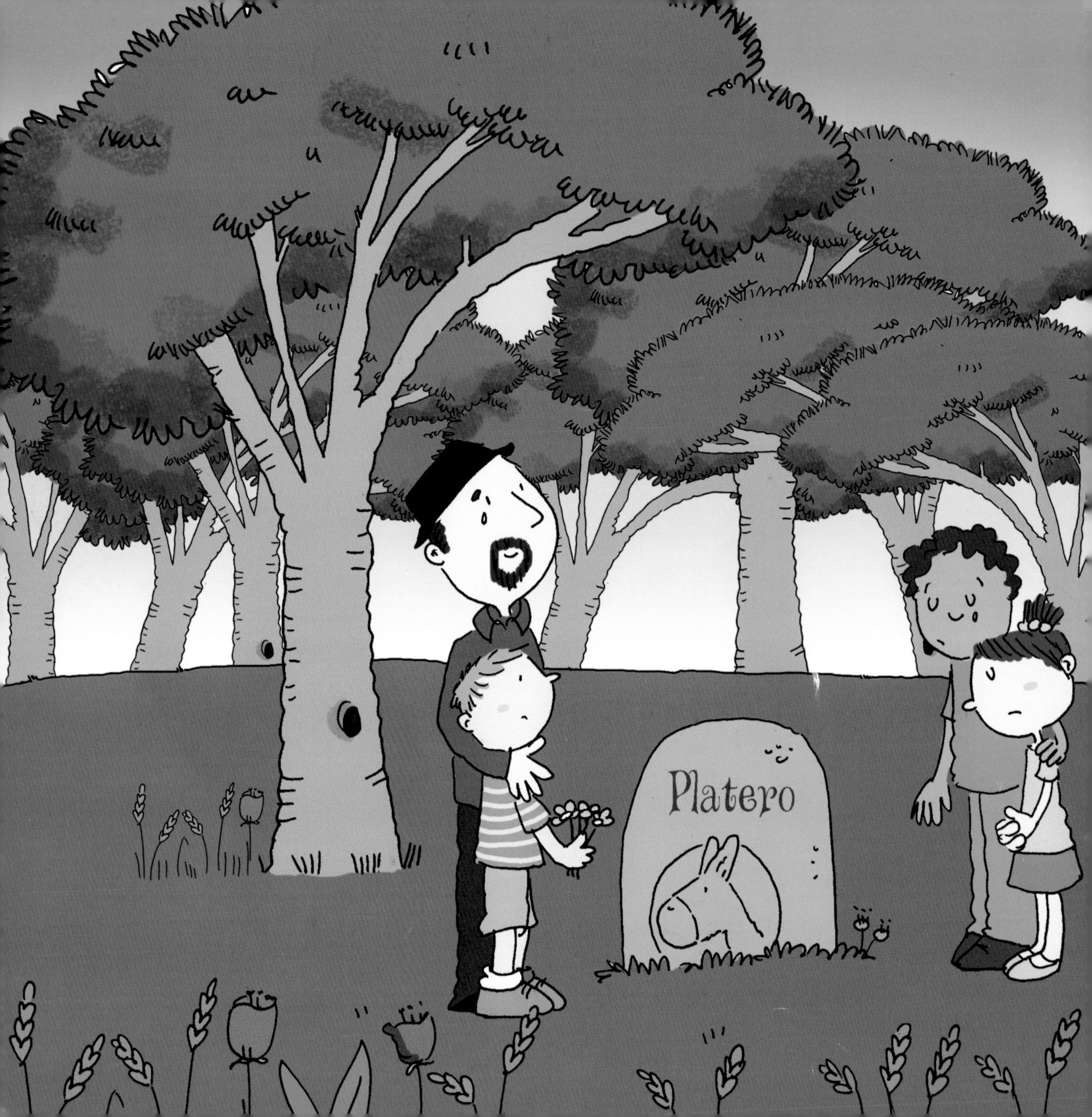
Platero

Una 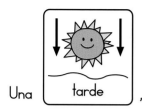 tarde ,  Juan Ramón y los  niños  fueron a 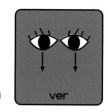 ver

la  tumba de  Platero al  Huerto de la Piña .

 Juan Ramón  pensaba que 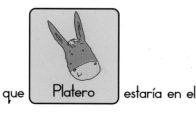 Platero estaría en el 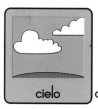 cielo con los  angelitos .

ORIENTACIONES PEDAGÓGICAS

Todos sabemos la importancia que tienen los Apoyos Visuales en la vida diaria, todos los necesitamos y los usamos; señales de tráficos, planos de metro, etc. Las personas con Necesidades Educativas Especiales, los necesitan también para mejorar y facilitar la comunicación tanto en la comprensión como en la expresión, entre otras cosas porque:

- Son fácilmente comprensibles, sencillos y constantes (siempre significan lo mismo).

- Son permanentes, es decir, podemos mirarlos el tiempo que necesitemos y volver a ellos siempre que sea necesario.

- Pueden adaptarse a las capacidades de cada uno.

"Platero y yo", es un cuento clásico adaptado utilizando un sistema de símbolos gráficos, en este caso, el SPC (Símbolos Pictográficos para la Comunicación, creados por Roxanna Mayer Jonhson en EE.UU). El objetivo de este material, no es sólo acercar a los niños de una manera sencilla a la lectura, sino también utilizarlo para trabajar sobre distintos aspectos del lenguaje (vocabulario, estructuración de la frase a partir del pictograma, etc.) y aspectos cognitivos (conceptos básicos, temporales, etc.) que podrán incorporar a su vida diaria.

Destacar, que este material no pretende ser un método de enseñanza para adquirir los distintos aspectos de la comunicación y el lenguaje sino una ayuda más para trabajarlos.

Espero que estas orientaciones sirvan para facilitar la labor del profesor y de la familia, pero más aun, sirvan a aquellas personas que lo necesiten y se convierta en "su cuento", el cuento que todos consideramos como nuestro y al que volvemos una y otra vez.

VOCABULARIO

El vocabulario utilizado en este cuento está relacionado con la vida cotidiana. Cada categoría está representada por un color distinto para facilitar la construcción de la frase.

La relación de colores es:

- Personas y/o pronombres personales: AMARILLO.
- Verbos: VERDE
- Descriptivos (adjetivos y algunos adverbios): AZUL
- Sustantivos (aquellos no incluidos en otras categorías): NARANJA
- Palabras sociales: MORADO/ROSA
- Miscelánea (artículos, preposiciones, conjunciones, conceptos temporales, alfabeto, números, colores, y otras palabras abstractas): BLANCO

El cuento, incluye vocabulario referido a:

PERSONAS:

- Juan Ramón
- Señor/a
- Todos
- Darbón
- Angelitos

- Platero
- Niño/s
- Médico
- Macaria
- Yo

ACCIONES:

- Escribir
- Vivir
- Gustar
- Entrar
- Saludar
- Rebuznar
- Querer
- Romper
- Salir
- Correr
- Pensar
- Ir
- Aprender
- Leer
- Sentar
- Poder
- Montar
- Decir
- Comer
- Llegar
- Empezar
- Tirar
- Reír
- Levantar
- Mirar
- Ver
- Cantar

- Volar
- Llover
- Volver
- Oír
- Celebrar
- Asustar
- Tener
- Lavar
- Decir
- Ganar
- Hacer
- Encontrar
- Tumbar
- Acariciar
- Llamar
- Morir

DESCRIPTIVOS:

- Llamado/a
- Cerca
- Caliente
- Pequeño
- Peludo
- Suave
- Blando
- Como
- Fuerte
- Dentro
- Tierno
- Loco
- Primero
- Mucho
- Cargados
- Grande
- Limpio
- Guapo
- Encima
- Triste
- Enfermo

MISCELÁNEA:

Temporales:

- Mañana
- Tarde
- Medio día
- Amanecer
- Día
- Primavera
- Verano
- Noches
- Septiembre

Colores:

- Blanca/s
- Negro/s
- Amarillas
- Morados
- Gris
- Rojo

Otros:

- Dos
- Cuando
- Qué
- Algunos

SUSTANTITIVOS:

Lugares:

- Moguer
- Mar
- Casas
- Calles
- Cuadra
- Campo
- Colegio
- Viñas
- Arroyo de los Chopos
- Huerto de la Piña
- Cielo

Animales:

- Pájaros
- Mariposas
- Grillos
- Cabra
- Perrita
- Burro
- Escarabajos
- Buey

Alimentos:

- Pan
- Sandía
- Migas de pan
- Perejil
- Mandarinas
- Uvas
- Naranjas
- Higos

Naturaleza:

- Piedra
- Higuera
- Flores
- Estrellas
- Luna

Otros:

- Historia
- Algodón
- Ojos
- Fiesta
- Fuegos artificiales
- Dientes
- Carrera
- Corona
- Paja
- Cuerda
- Barba
- Traje
- Sombrero
- Canto

En casa:

- Silla
- Mesa
- Cama
- Ventana

ASPECTOS TEMPORALES

Se pueden trabajar las ilustraciones del cuento, para poder ordenarlas de forma secuencial y trabajar así aspectos temporales tales como: antes, después, mañana, tarde, noche... Algunas preguntas que podemos formular a nuestros alumnos relacionadas con aspectos temporales:

- ¿Cuándo entraba Juan Ramón en la cuadro?

- ¿Cuándo fueron Platero, Juan Ramón y los niños a comer higos?

- ¿Cuándo iban Platero y Juan Ramón a ver las estrellas y la luna?

- ¿Cuándo celebraban la fiesta de la uva?

- ¿Cuándo se encontró Juan Ramón a Platero tumbado sobre la paja?

- ¿Cuándo murió Platero?

- ¿Cuándo fueron Juan Ramón y los niños a ver la tumba de Platero?

ENTORNOS

A través del vocabulario que ofrecemos, podemos trabajar entornos muy familiares. Además, si el entorno no viene representado por pictogramas, gracias a la sencillez de las ilustraciones, podrán averiguar de cual se trata. Podemos hacerles preguntas de tipo:

- ¿Dónde vivía Juan Ramón?
- ¿Dónde estaba Moguer?
- ¿Dónde vivía Platero?
- ¿A dónde iba Juan Ramón montado encima de Platero?
- ¿Dónde vio Juan Ramón pájaros y mariposas de colores?
- ¿A dónde fueron Platero y los niños cuando empezó a llover?
- ¿Dónde veían Platero y Juan Ramón las estrellas y la luna?
- ¿Dónde veían Platero y Juan Ramón los fuegos artificiales?
- ¿A dónde fueron Juan Ramón y los niños a ver la tumba de Platero?

Además del aprendizaje de los entornos, podemos trabajar el vocabulario que corresponde a cada uno de ellos. POR EJEMPLO: En el campo...

EMOCIONES

Los personajes de este cuento, vivirán aventuras que les harán sentir distintas emociones como alegría, tristeza, etc. Algunas preguntas que podremos formular a nuestros alumnos respecto a estas emociones:

- Al mediodía, cuando Juan Ramón entraba en la cuadra ¿Cómo se sentía Platero al verlo?

- Cuando Juan Ramón iba a las viñas montado encima de Platero, los niños le llamaban ¡El loco! ¿Cómo se sentiría Juan Ramón?

- ¿Cómo se sentía Platero cuando escuchaba los fuegos artificiales?

- Cuando Juan Ramón entró en la cuadra, Platero estaba tumbado encima de la paja ¿Cómo estaba Platero?

- Al mediodía murió Platero ¿Cómo se sentiría Juan Ramón?

COMPRENSIÓN EXPRESIÓN

Se han elegido una serie de preguntas sencillas para trabajar tanto la comprensión como la expresión:

Ilustración nº 1

- ¿Quién escribió la historia de su burro Platero?
- ¿Dónde vivía Juan Ramón?
- ¿Cómo eran las calles de Moguer?

Ilustración nº 2

- ¿Cómo era Platero?

Ilustración nº 3

- ¿Qué le gustaba a Platero?

Ilustración nº 4

- ¿Dónde vivía Platero?
- ¿Quién más vivía en la cuadra?
- ¿Qué hacía Platero cuando Juan Ramón entraba en la cuadra?

Ilustración nº 5

- ¿Qué pensaba Juan Ramón?
- ¿Por qué no podía ir Platero al colegio?

Ilustración nº 6

- ¿A quién le llamaban "El loco"?
- ¿Por qué?

Ilustración nº 7

- ¿Qué comían los niños?
- ¿Por qué corrían?

Ilustración nº 8

- ¿Qué vio Juan Ramón desde la ventana?
- ¿Qué estación del año había llegado?

Ilustración nº 9

- ¿A dónde fueron Platero y los niños?
- ¿Qué pasó?
- ¿Qué cogieron?

Ilustración nº 10

- ¿Qué hacían Platero y Juan Ramón en verano?

Ilustración nº 11

- ¿Qué celebraban en septiembre?
- ¿Qué le pasaba a Platero cuando oía los fuegos artificiales?

Ilustración nº 12

- ¿Cómo se llamaba el médico de Platero?
- ¿Cómo era Darbón?
- ¿Qué comía?

Ilustración nº 13

- ¿Quién lavó a Platero?
- ¿Qué le decía Juan Ramón?

Ilustración nº 14

- ¿Quién ganó la carrera?
- ¿Qué le hizo Juan Ramón a Platero?

Ilustración nº 15

- ¿Cómo encontró Juan Ramón a Platero?
- ¿Qué le pasó a Platero?

Ilustración nº 16

- ¿Dónde estaba la tumba de Platero?
- ¿Qué pensaba Juan Ramón?

Estas preguntas son una mera orientación. Se podrán formular de mayor a menor complejidad dependiendo de las características de la persona con la que estemos trabajando. Ésta, a su vez, podrá responder verbalmente o señalando los pictogramas correspondientes a la respuesta.